D0605869

Quiero Ser Constructor

QUIERO SER

Constructor

DAN LIEBMAN

FIREFLY BOOKS

A FIREFLY BOOK

Published by Firefly Books Ltd. 2003

Primera edición

Publisher Cataloging-in-Publication Data (U.S.)
(Library of Congress Standards)

Liebman, Dan.
 Quiero Ser Constructor/ Dan Liebman. —1st ed.
[24] p. : col. photos. ; cm. (Quiero ser)
Summary: Photographs and easy-to-read text describe the job of a builder.
ISBN 1-55297-762-5 (pbk.)
1. Building trades -- Vocational guidance -- Juvenile literature. (1. Building trades -- Vocational guidance. 2. Vocational guidance.) I. Title. II. Series.
624/.023 21   TH159.L54 2003

National Library of Canada Cataloguing in
Publication Data

Liebman, Daniel
 Quiero ser constructor / Dan Liebman.

Translation of: I want to be a builder.
ISBN 1-55297-762-5

1. Building--Vocational guidance--Juvenile literature.
I. Title.

TH159.L5318 2003   624'.023   C2003-902827-5

Published in the United States in 2003 by
Firefly Books (U.S.) Inc.
P.O. Box 1338, Ellicott Station
Buffalo, New York, USA., 14205

Published in Canada in 2003 by
Firefly Books Ltd.
3680 Victoria Park Avenue
Toronto, Ontario, Canada, M2H 3K1

Photo Credits

© Al Harvey/Slide Farm, pages 8, 15, 17
© Laura Zito, page 9
© MediaFocus International, LLC, pages 10, 11
© PhotoDisc/Ryan McVay, page 12, front cover
© Mark E. Gibson Stock Photography, page 21,
© B. Allan Mackie, page 23
© George Walker/Firefly Books, pages 5, 6–7, 13, 14, 16, 18, 19, 20, 22, 24, back cover

The author and publisher would like to thank:

Morah Duclos
Massimo Ighani
Trevor Trottier
Dylan Walker
Nicholas Walker

Deseño de Interrobang Graphic Design Inc.
Impreso y encuadernado en Canadá por Friesens, Altona, Manitoba

El editor agradece el apoyo financiero del Gobierno de Canadá, a través del Programa de ayuda al desarrollo de la industria editorial, para sus actividades editoriales.

A los constructores
les gusta armar cosas.

Los constructores tombién se llaman maestros de obras. Éstos trabajan en equipos.

Ellos construyen casas, edificios de apartamentos y oficinas.

Algunos constructores trabajan a mucha altura.

Los constructores no sólo hacen edificios. Éstos están haciendo un puente. Otros hacen autopistas.

Y algunos construyen barcos.

Los constructores trabajan al aire libre. Les gusta trabajar juntos.

Esta constructora maneja una topadora. La topadora es un tractor grande que mueve mucha tierra rápidamente.

Al empezar la construcción, se hace una gran excavación. En ella se ponen los cimientos.

head
protection

foot
protection

MUST BE WORN

Los constructores deben prestar atención a las señales de seguridad. Usan cascos y botas de seguridad.

Los constructores cuelgan sus herramientas en cinturones.

Los constructores deben ser fuertes para hacer trabajos pesados.

Hay que subir mucho. Por eso, los constructores usan escaleras y elevadores.

Cada miembro del equipo de construcción tiene un trabajo importante que hacer.

Esta carpintera trabaja con madera.

Los constructores adquieren sus habilidades en escuelas y en las obras. Los aprendices ganan dinero mientras aprenden.

Se necesitan habilidades especiales para construir una casa con troncos. Estos hombres están poniendo el techo.

La construcción es un trabajo duro. Estos constructores se sienten orgullosos de lo que hacen.